THE
simply
WHOLE MOMS
PLANNER

THIS PLANNER BELONGS TO:

_____

2020

We want to say thank you!

Go to:

www.simplywholemoms.com/freebie

And we'll send a little something your way!

Find us on Instagram!

@simplywholemoms

Contact us at simplywholemoms@gmail.com!

Year in Review

JANUARY
Su	Mo	Tu	We	Th	Fr	Sa
			1	2	3	4
5	6	7	8	9	10	11
12	13	14	15	16	17	18
19	20	21	22	23	24	25
26	27	28	29	30	31	

FEBRUARY
Su	Mo	Tu	We	Th	Fr	Sa
						1
2	3	4	5	6	7	8
9	10	11	12	13	14	15
16	17	18	19	20	21	22
23	24	25	26	27	28	29

MARCH
Su	Mo	Tu	We	Th	Fr	Sa
1	2	3	4	5	6	7
8	9	10	11	12	13	14
15	16	17	18	19	20	21
22	23	24	25	26	27	28
29	30	31				

APRIL
Su	Mo	Tu	We	Th	Fr	Sa
		1	2	3	4	
5	6	7	8	9	10	11
12	13	14	15	16	17	18
19	20	21	22	23	24	25
26	27	28	29	30		

MAY
Su	Mo	Tu	We	Th	Fr	Sa
					1	2
3	4	5	6	7	8	9
10	11	12	13	14	15	16
17	18	19	20	21	22	23
24	25	26	27	28	29	30
31						

JUNE
Su	Mo	Tu	We	Th	Fr	Sa
	1	2	3	4	5	6
7	8	9	10	11	12	13
14	15	16	17	18	19	20
21	22	23	24	25	26	27
28	29	30				

JULY
Su	Mo	Tu	We	Th	Fr	Sa
		1	2	3	4	
5	6	7	8	9	10	11
12	13	14	15	16	17	18
19	20	21	22	23	24	25
26	27	28	29	30	31	

AUGUST
Su	Mo	Tu	We	Th	Fr	Sa
						1
2	3	4	5	6	7	8
9	10	11	12	13	14	15
16	17	18	19	20	21	22
23	24	25	26	27	28	29
30	31					

SEPTEMBER
Su	Mo	Tu	We	Th	Fr	Sa
		1	2	3	4	5
6	7	8	9	10	11	12
13	14	15	16	17	18	19
20	21	22	23	24	25	26
27	28	29	30			

OCTOBER
Su	Mo	Tu	We	Th	Fr	Sa
				1	2	3
4	5	6	7	8	9	10
11	12	13	14	15	16	17
18	19	20	21	22	23	24
25	26	27	28	29	30	31

NOVEMBER
Su	Mo	Tu	We	Th	Fr	Sa
1	2	3	4	5	6	7
8	9	10	11	12	13	14
15	16	17	18	19	20	21
22	23	24	25	26	27	28
29	30					

DECEMBER
Su	Mo	Tu	We	Th	Fr	Sa
		1	2	3	4	5
6	7	8	9	10	11	12
13	14	15	16	17	18	19
20	21	22	23	24	25	26
27	28	29	30	31		

January

"The secret of getting ahead is getting started."
- Mark Twain

Monthly Goal:

Notes:

New Year Goals

CAREER

- ○ _____
- ○ _____
- ○ _____
- ○ _____
- ○ _____
- ○ _____
- ○ _____
- ○ _____
- ○ _____
- ○ _____
- ○ _____

FAMILY

- ○ _____
- ○ _____
- ○ _____
- ○ _____
- ○ _____
- ○ _____
- ○ _____
- ○ _____
- ○ _____
- ○ _____
- ○ _____

PERSONAL

- ○ _____
- ○ _____
- ○ _____
- ○ _____
- ○ _____
- ○ _____
- ○ _____
- ○ _____
- ○ _____
- ○ _____
- ○ _____

HEALTH

- ○ _____
- ○ _____
- ○ _____
- ○ _____
- ○ _____
- ○ _____
- ○ _____
- ○ _____
- ○ _____
- ○ _____
- ○ _____

Instructions:
1. Write down your goals under each category.
2. Check off your top goal in each category.
3. Look for themes in your top four. What will you need to accomplish them? What is the feeling you would have if you accomplished all four?
4. Think through one word that describes your goals for the year.

Your Word:

JANUARY 2020

SUNDAY	MONDAY	TUESDAY	WEDNESDAY
			1 NEW YEAR'S DAY
5	6	7	8
12	13	14	15
19 *National Popcorn Day*	20 MARTIN LUTHER KING JR. DAY	21	22
26	27	28	29

THURSDAY	FRIDAY	SATURDAY	NOTES
2	3	4	_____
			_____
			_____
			_____
9	10	11	_____
			_____
			_____
			_____
16	17	18	_____
			_____
			_____
			_____
23	24	25	_____
			_____
			_____
National Pie Day			_____
30	31		_____
			_____
			_____
			_____

▰ MON · DECEMBER 30, 2019 _____

_____   ○ _____
_____   ○ _____
_____   ○ _____
_____   ○ _____
_____   ○ _____
_____   ○ _____
_____   ○ _____
_____   ○ _____
_____   ○ _____
_____   ○ _____
_____   ○ _____

▰ TUE · DECEMBER 31, 2019 _____

_____   ○ _____
_____   ○ _____
_____   ○ _____
_____   ○ _____
_____   ○ _____
_____   ○ _____
_____   ○ _____
_____   ○ _____
_____   ○ _____
_____   ○ _____
NEW YEAR'S EVE   ○ _____

▰ WED · JANUARY 1, 2020 _____

_____   ○ _____
_____   ○ _____
_____   ○ _____
_____   ○ _____
_____   ○ _____
_____   ○ _____
_____   ○ _____
_____   ○ _____
_____   ○ _____
_____   ○ _____
NEW YEAR'S DAY   ○ _____

THU · JANUARY 2, 2020

- ○ _____
- ○ _____
- ○ _____
- ○ _____
- ○ _____
- ○ _____
- ○ _____
- ○ _____
- ○ _____
- ○ _____
- ○ _____

FRI · JANUARY 3, 2020

- ○ _____
- ○ _____
- ○ _____
- ○ _____
- ○ _____
- ○ _____
- ○ _____
- ○ _____
- ○ _____
- ○ _____
- ○ _____

SAT · JANUARY 4, 2020

SUN · JANUARY 5, 2020

◣ MON · JANUARY 6, 2020 _____

_____ ○ _____
_____ ○ _____
_____ ○ _____
_____ ○ _____
_____ ○ _____
_____ ○ _____
_____ ○ _____
_____ ○ _____
_____ ○ _____
_____ ○ _____
_____ ○ _____

◣ TUE · JANUARY 7, 2020 _____

_____ ○ _____
_____ ○ _____
_____ ○ _____
_____ ○ _____
_____ ○ _____
_____ ○ _____
_____ ○ _____
_____ ○ _____
_____ ○ _____
_____ ○ _____
_____ ○ _____

◣ WED · JANUARY 8, 2020 _____

_____ ○ _____
_____ ○ _____
_____ ○ _____
_____ ○ _____
_____ ○ _____
_____ ○ _____
_____ ○ _____
_____ ○ _____
_____ ○ _____
_____ ○ _____
_____ ○ _____

THU · JANUARY 9, 2020

_____   ○ _____
_____   ○ _____
_____   ○ _____
_____   ○ _____
_____   ○ _____
_____   ○ _____
_____   ○ _____
_____   ○ _____
_____   ○ _____
_____   ○ _____
_____   ○ _____

FRI · JANUARY 10, 2020

_____   ○ _____
_____   ○ _____
_____   ○ _____
_____   ○ _____
_____   ○ _____
_____   ○ _____
_____   ○ _____
_____   ○ _____
_____   ○ _____
_____   ○ _____
_____   ○ _____

SAT · JANUARY 11, 2020   # SUN · JANUARY 12, 2020

MON · JANUARY 13, 2020

_____   ○ _____
_____   ○ _____
_____   ○ _____
_____   ○ _____
_____   ○ _____
_____   ○ _____
_____   ○ _____
_____   ○ _____
_____   ○ _____
_____   ○ _____
_____   ○ _____

TUE · JANUARY 14, 2020

_____   ○ _____
_____   ○ _____
_____   ○ _____
_____   ○ _____
_____   ○ _____
_____   ○ _____
_____   ○ _____
_____   ○ _____
_____   ○ _____
_____   ○ _____
_____   ○ _____

WED · JANUARY 15, 2020

_____   ○ _____
_____   ○ _____
_____   ○ _____
_____   ○ _____
_____   ○ _____
_____   ○ _____
_____   ○ _____
_____   ○ _____
_____   ○ _____
_____   ○ _____
_____   ○ _____

◄ THU · JANUARY 16, 2020 _____

_____   ○ _____
_____   ○ _____
_____   ○ _____
_____   ○ _____
_____   ○ _____
_____   ○ _____
_____   ○ _____
_____   ○ _____
_____   ○ _____
_____   ○ _____
_____   ○ _____

◄ FRI · JANUARY 17, 2020 _____

_____   ○ _____
_____   ○ _____
_____   ○ _____
_____   ○ _____
_____   ○ _____
_____   ○ _____
_____   ○ _____
_____   ○ _____
_____   ○ _____
_____   ○ _____
_____   ○ _____

◄ SAT · JANUARY 18, 2020

_____
_____
_____
_____
_____
_____
_____
_____

◄ SUN · JANUARY 19, 2020

_____
_____
_____
_____
_____
_____
_____
_____

■ MON · JANUARY 20, 2020

_____   ○ _____
_____   ○ _____
_____   ○ _____
_____   ○ _____
_____   ○ _____
_____   ○ _____
_____   ○ _____
_____   ○ _____
_____   ○ _____
_____   ○ _____
MARTIN LUTHER KING JR. DAY   ○ _____

■ TUE · JANUARY 21, 2020

_____   ○ _____
_____   ○ _____
_____   ○ _____
_____   ○ _____
_____   ○ _____
_____   ○ _____
_____   ○ _____
_____   ○ _____
_____   ○ _____
_____   ○ _____
_____   ○ _____

■ WED · JANUARY 22, 2020

_____   ○ _____
_____   ○ _____
_____   ○ _____
_____   ○ _____
_____   ○ _____
_____   ○ _____
_____   ○ _____
_____   ○ _____
_____   ○ _____
_____   ○ _____
_____   ○ _____

◤ THU · JANUARY 23, 2020

_____

- ○ _____
- ○ _____
- ○ _____
- ○ _____
- ○ _____
- ○ _____
- ○ _____
- ○ _____
- ○ _____
- ○ _____
- ○ _____

◤ FRI · JANUARY 24, 2020

_____

- ○ _____
- ○ _____
- ○ _____
- ○ _____
- ○ _____
- ○ _____
- ○ _____
- ○ _____
- ○ _____
- ○ _____
- ○ _____

◤ SAT · JANUARY 25, 2020

◤ SUN · JANUARY 26, 2020

MON · JANUARY 27, 2020

TUE · JANUARY 28, 2020

WED · JANUARY 29, 2020

THU · JANUARY 30, 2020

_____   ○ _____
_____   ○ _____
_____   ○ _____
_____   ○ _____
_____   ○ _____
_____   ○ _____
_____   ○ _____
_____   ○ _____
_____   ○ _____
_____   ○ _____
                              ○ _____

FRI · JANUARY 31, 2020

_____   ○ _____
_____   ○ _____
_____   ○ _____
_____   ○ _____
_____   ○ _____
_____   ○ _____
_____   ○ _____
_____   ○ _____
_____   ○ _____
_____   ○ _____
                              ○ _____

SAT · FEBRUARY 1, 2020   # SUN · FEBRUARY 2, 2020

February

"The hardest thing in the world to understand is the income tax..."
– Albert Einstein

Monthly Goal:

Notes:

Budget Tracking

SPENDING GOAL:

EXPENSE	COST
TOTAL	

FEBRUARY 2020

SUNDAY	MONDAY	TUESDAY	WEDNESDAY
2	3	4	5
9	10	11 Make a friend Day	12
16	17 PRESIDENTS' DAY	18	19
23	24	25	26

THURSDAY	FRIDAY	SATURDAY	NOTES
		1	
6	7	8	
13	14 VALENTINE'S DAY	15	
20	21	22	
27	28	29	

MON · FEBRUARY 3, 2020

_____   ○ _____
_____   ○ _____
_____   ○ _____
_____   ○ _____
_____   ○ _____
_____   ○ _____
_____   ○ _____
_____   ○ _____
_____   ○ _____
_____   ○ _____
_____   ○ _____

TUE · FEBRUARY 4, 2020

_____   ○ _____
_____   ○ _____
_____   ○ _____
_____   ○ _____
_____   ○ _____
_____   ○ _____
_____   ○ _____
_____   ○ _____
_____   ○ _____
_____   ○ _____
_____   ○ _____

WED · FEBRUARY 5, 2020

_____   ○ _____
_____   ○ _____
_____   ○ _____
_____   ○ _____
_____   ○ _____
_____   ○ _____
_____   ○ _____
_____   ○ _____
_____   ○ _____
_____   ○ _____
_____   ○ _____

THU · FEBRUARY 6, 2020

- ○
- ○
- ○
- ○
- ○
- ○
- ○
- ○
- ○
- ○
- ○

FRI · FEBRUARY 7, 2020

- ○
- ○
- ○
- ○
- ○
- ○
- ○
- ○
- ○
- ○
- ○

SAT · FEBRUARY 8, 2020

SUN · FEBRUARY 9, 2020

◤ MON · FEBRUARY 10, 2020 _____

_____	○ _____
_____	○ _____
_____	○ _____
_____	○ _____
_____	○ _____
_____	○ _____
_____	○ _____
_____	○ _____
_____	○ _____
_____	○ _____
_____	○ _____

◤ TUE · FEBRUARY 11, 2020 _____

_____	○ _____
_____	○ _____
_____	○ _____
_____	○ _____
_____	○ _____
_____	○ _____
_____	○ _____
_____	○ _____
_____	○ _____
_____	○ _____
_____	○ _____

◤ WED · FEBRUARY 12, 2020 _____

_____	○ _____
_____	○ _____
_____	○ _____
_____	○ _____
_____	○ _____
_____	○ _____
_____	○ _____
_____	○ _____
_____	○ _____
_____	○ _____
_____	○ _____

THU · FEBRUARY 13, 2020

_____

_____
_____
_____
_____
_____
_____
_____
_____
_____
_____
_____

○ _____
○ _____
○ _____
○ _____
○ _____
○ _____
○ _____
○ _____
○ _____
○ _____
○ _____

FRI · FEBRUARY 14, 2020

_____
_____
_____
_____
_____
_____
_____
_____
_____
_____
_____

VALENTINE'S DAY

○ _____
○ _____
○ _____
○ _____
○ _____
○ _____
○ _____
○ _____
○ _____
○ _____
○ _____

SAT · FEBRUARY 15, 2020

_____
_____
_____
_____
_____
_____
_____
_____
_____

SUN · FEBRUARY 16, 2020

_____
_____
_____
_____
_____
_____
_____
_____
_____

◤ MON · FEBRUARY 17, 2020

_____

○ _____
○ _____
○ _____
○ _____
○ _____
○ _____
○ _____
○ _____
○ _____
○ _____
PRESIDENTS' DAY
○ _____

◤ TUE · FEBRUARY 18, 2020

_____

○ _____
○ _____
○ _____
○ _____
○ _____
○ _____
○ _____
○ _____
○ _____
○ _____
○ _____

◤ WED · FEBRUARY 19, 2020

_____

○ _____
○ _____
○ _____
○ _____
○ _____
○ _____
○ _____
○ _____
○ _____
○ _____
○ _____

THU · FEBRUARY 20, 2020

FRI · FEBRUARY 21, 2020

SAT · FEBRUARY 22, 2020

SUN · FEBRUARY 23, 2020

MON · FEBRUARY 24, 2020

_____ ○ _____
_____ ○ _____
_____ ○ _____
_____ ○ _____
_____ ○ _____
_____ ○ _____
_____ ○ _____
_____ ○ _____
_____ ○ _____
_____ ○ _____
_____ ○ _____

TUE · FEBRUARY 25, 2020

_____ ○ _____
_____ ○ _____
_____ ○ _____
_____ ○ _____
_____ ○ _____
_____ ○ _____
_____ ○ _____
_____ ○ _____
_____ ○ _____
_____ ○ _____
_____ ○ _____

WED · FEBRUARY 26, 2020

_____ ○ _____
_____ ○ _____
_____ ○ _____
_____ ○ _____
_____ ○ _____
_____ ○ _____
_____ ○ _____
_____ ○ _____
_____ ○ _____
_____ ○ _____
_____ ○ _____

THU · FEBRUARY 27, 2020

_____

- ○ _____
- ○ _____
- ○ _____
- ○ _____
- ○ _____
- ○ _____
- ○ _____
- ○ _____
- ○ _____
- ○ _____
- ○ _____

FRI · FEBRUARY 28, 2020

_____

- ○ _____
- ○ _____
- ○ _____
- ○ _____
- ○ _____
- ○ _____
- ○ _____
- ○ _____
- ○ _____
- ○ _____
- ○ _____

SAT · FEBRUARY 29, 2020

SUN · MARCH 1, 2020

March

"God could not be everywhere, and therefore He made mothers."
- Rudyard Kipling

Monthly Goal:

Notes:

Spring Cleaning

LIVING ROOM:

- ☐ Dust/polish furniture
- ☐ Wash blankets & pillows
- ☐ Vacuum sofa
- ☐ Dust blinds
- ☐ Clean ceiling fan
- ☐ Wash windows

PLAYROOM:

- ☐ Wipe down surfaces
- ☐ Wash cloth toys
- ☐ Donate unused toys
- ☐ Make a place for everything

BEDROOMS:

- ☐ Wipe baseboards
- ☐ Dust & polish furniture
- ☐ Flip mattress
- ☐ Clean bedding
- ☐ Clean up closet
- ☐ Dust blinds
- ☐ Shampoo carpet

KITCHEN:

- ☐ Clean stove top
- ☐ Clean oven
- ☐ Clean microwave
- ☐ Clean refrigerator
- ☐ Defrost freezer
- ☐ Wipe down cabinets
- ☐ Clean out pantry
- ☐ Deep clean sink

BATHROOMS:

- ☐ Clean makeup brushes
- ☐ Clean tub or shower
- ☐ Scrub tile
- ☐ Clean vanity
- ☐ Wipe mirror
- ☐ Replace shower curtain
- ☐ Clean toilet
- ☐ Clean shower head

DINING ROOM:

- ☐ Dust & polish furniture
- ☐ Spot clean chairs
- ☐ Shampoo carpets
- ☐ Dust blinds
- ☐ Wipe baseboards

THE HOUSE:

- ☐ Test & replace fire alarms
- ☐ Replace air filters
- ☐ Clean light fixtures
- ☐ Replace lightbulbs
- ☐ Sweep garage

MARCH 2020

SUNDAY	MONDAY	TUESDAY	WEDNESDAY
1	2	3	4
8 DAYLIGHT SAVINGS BEGINS	9	10	11
15	16	17 ST. PATRICK'S DAY	18
22	23	24	25
29	30	31	

THURSDAY	FRIDAY	SATURDAY	NOTES
5	6	7	
12	13	14 *National Pi Day*	
19	20	21	
26	27	28	

◤ MON · MARCH 2, 2020

_____   ○ _____
_____   ○ _____
_____   ○ _____
_____   ○ _____
_____   ○ _____
_____   ○ _____
_____   ○ _____
_____   ○ _____
_____   ○ _____
_____   ○ _____
_____   ○ _____

◤ TUE · MARCH 3, 2020

_____   ○ _____
_____   ○ _____
_____   ○ _____
_____   ○ _____
_____   ○ _____
_____   ○ _____
_____   ○ _____
_____   ○ _____
_____   ○ _____
_____   ○ _____
_____   ○ _____

◤ WED · MARCH 4, 2020

_____   ○ _____
_____   ○ _____
_____   ○ _____
_____   ○ _____
_____   ○ _____
_____   ○ _____
_____   ○ _____
_____   ○ _____
_____   ○ _____
_____   ○ _____
_____   ○ _____
_____   ○ _____

◆ THU · MARCH 5, 2020 _____

_____   ○ _____
_____   ○ _____
_____   ○ _____
_____   ○ _____
_____   ○ _____
_____   ○ _____
_____   ○ _____
_____   ○ _____
_____   ○ _____
_____   ○ _____
                               ○ _____

◆ FRI · MARCH 6, 2020 _____

_____   ○ _____
_____   ○ _____
_____   ○ _____
_____   ○ _____
_____   ○ _____
_____   ○ _____
_____   ○ _____
_____   ○ _____
_____   ○ _____
_____   ○ _____
                               ○ _____

◆ SAT · MARCH 7, 2020   # ◆ SUN · MARCH 8, 2020

_____   _____
_____   _____
_____   _____
_____   _____
_____   _____
_____   _____
_____   _____
_____   DAYLIGHT SAVINGS BEGINS

◣ MON · MARCH 9, 2020

- ○
- ○
- ○
- ○
- ○
- ○
- ○
- ○
- ○
- ○
- ○

◣ TUE · MARCH 10, 2020

- ○
- ○
- ○
- ○
- ○
- ○
- ○
- ○
- ○
- ○
- ○

◣ WED · MARCH 11, 2020

- ○
- ○
- ○
- ○
- ○
- ○
- ○
- ○
- ○
- ○
- ○

■ THU · MARCH 12, 2020 _____

_____   ○ _____
_____   ○ _____
_____   ○ _____
_____   ○ _____
_____   ○ _____
_____   ○ _____
_____   ○ _____
_____   ○ _____
_____   ○ _____
_____   ○ _____
_____   ○ _____

■ FRI · MARCH 13, 2020 _____

_____   ○ _____
_____   ○ _____
_____   ○ _____
_____   ○ _____
_____   ○ _____
_____   ○ _____
_____   ○ _____
_____   ○ _____
_____   ○ _____
_____   ○ _____
_____   ○ _____

■ SAT · MARCH 14, 2020   ■ SUN · MARCH 15, 2020

_____   _____
_____   _____
_____   _____
_____   _____
_____   _____
_____   _____
_____   _____
_____   _____
_____   _____

MON · MARCH 16, 2020

_____   ○ _____
_____   ○ _____
_____   ○ _____
_____   ○ _____
_____   ○ _____
_____   ○ _____
_____   ○ _____
_____   ○ _____
_____   ○ _____
_____   ○ _____
_____   ○ _____

TUE · MARCH 17, 2020

_____   ○ _____
_____   ○ _____
_____   ○ _____
_____   ○ _____
_____   ○ _____
_____   ○ _____
_____   ○ _____
_____   ○ _____
_____   ○ _____
_____   ○ _____
ST. PATRICK'S DAY   ○ _____

WED · MARCH 18, 2020

_____   ○ _____
_____   ○ _____
_____   ○ _____
_____   ○ _____
_____   ○ _____
_____   ○ _____
_____   ○ _____
_____   ○ _____
_____   ○ _____
_____   ○ _____
_____   ○ _____

THU · MARCH 19, 2020

- ○
- ○
- ○
- ○
- ○
- ○
- ○
- ○
- ○
- ○
- ○

FRI · MARCH 20, 2020

- ○
- ○
- ○
- ○
- ○
- ○
- ○
- ○
- ○
- ○

SAT · MARCH 21, 2020

SUN · MARCH 22, 2020

◤ MON · MARCH 23, 2020 _____

_____	○ _____
_____	○ _____
_____	○ _____
_____	○ _____
_____	○ _____
_____	○ _____
_____	○ _____
_____	○ _____
_____	○ _____
_____	○ _____
_____	○ _____

◤ TUE · MARCH 24, 2020 _____

_____	○ _____
_____	○ _____
_____	○ _____
_____	○ _____
_____	○ _____
_____	○ _____
_____	○ _____
_____	○ _____
_____	○ _____
_____	○ _____
_____	○ _____

◤ WED · MARCH 25, 2020 _____

_____	○ _____
_____	○ _____
_____	○ _____
_____	○ _____
_____	○ _____
_____	○ _____
_____	○ _____
_____	○ _____
_____	○ _____
_____	○ _____
_____	○ _____

■ THU · MARCH 26, 2020 —————————————————————

_____   ○ _____
_____   ○ _____
_____   ○ _____
_____   ○ _____
_____   ○ _____
_____   ○ _____
_____   ○ _____
_____   ○ _____
_____   ○ _____
_____   ○ _____
_____   ○ _____

■ FRI · MARCH 27, 2020 —————————————————————

_____   ○ _____
_____   ○ _____
_____   ○ _____
_____   ○ _____
_____   ○ _____
_____   ○ _____
_____   ○ _____
_____   ○ _____
_____   ○ _____
_____   ○ _____
_____   ○ _____

■ SAT · MARCH 28, 2020   ■ SUN · MARCH 29, 2020

_____   _____
_____   _____
_____   _____
_____   _____
_____   _____
_____   _____
_____   _____
_____   _____

April

"When it is obvious that the goals cannot be reached, don't adjust the goals, adjust the action steps..." - Confucius

Monthly Goal:

Notes:

Clean Out The House

WEEK 1: Kitchen

- ☐ Refrigerator
- ☐ Junk Drawer
- ☐ Pantry
- ☐ That "catch all" area

Tip ....
Get rid of things until you have enough space to give everything it's own place. Being able to easily find things while cooking will make everything simpler.

WEEK 2: Bathroom

- ☐ Makeup / Toiletries
- ☐ Under the cabinet
- ☐ Towels / sheets

Tip ....
If you have makeup or toiletries that are over a year old, they have probably expired. Check this symbol 🔲 for the expiration date and throw out if needed.

WEEK 3: Closets

- ☐ Bedrooms
- ☐ Hall Closets
- ☐ Shoes

Tip ....
Host a clothing swap! Tell friends you're cleaning out your closet, and ask them to do the same. Then get together and swap clothes. No shopping or money needed!

WEEK 4: Toys

- ☐ Playroom
- ☐ Art supplies
- ☐ Playdough / sensory
- ☐ Kid cups / bowls

Tip ....
Reasons to get rid of something:
- It is broken or missing a piece.
- It has not been played with in a month.
- It makes a big mess.
- It frustrates you for any reason: noise, mess, or the way your kid acts when they have it.

APRIL 2020

SUNDAY	MONDAY	TUESDAY	WEDNESDAY
			1
5	6	7	8
12 EASTER	13	14	15
19	20	21	22 EARTH DAY
26	27	28	29

THURSDAY	FRIDAY	SATURDAY	NOTES
2	3	4	_____
9	10 GOOD FRIDAY	11	_____
16	17	18	_____
23	24	25	_____
30			_____

MON · MARCH 30, 2020

_____   ○ _____
_____   ○ _____
_____   ○ _____
_____   ○ _____
_____   ○ _____
_____   ○ _____
_____   ○ _____
_____   ○ _____
_____   ○ _____
_____   ○ _____
_____   ○ _____

TUE · MARCH 31, 2020

_____   ○ _____
_____   ○ _____
_____   ○ _____
_____   ○ _____
_____   ○ _____
_____   ○ _____
_____   ○ _____
_____   ○ _____
_____   ○ _____
_____   ○ _____
_____   ○ _____

WED · APRIL 1, 2020

_____   ○ _____
_____   ○ _____
_____   ○ _____
_____   ○ _____
_____   ○ _____
_____   ○ _____
_____   ○ _____
_____   ○ _____
_____   ○ _____
_____   ○ _____
_____   ○ _____

THU · APRIL 2, 2020

_____   ○ _____
_____   ○ _____
_____   ○ _____
_____   ○ _____
_____   ○ _____
_____   ○ _____
_____   ○ _____
_____   ○ _____
_____   ○ _____
_____   ○ _____
_____   ○ _____

FRI · APRIL 3, 2020

_____   ○ _____
_____   ○ _____
_____   ○ _____
_____   ○ _____
_____   ○ _____
_____   ○ _____
_____   ○ _____
_____   ○ _____
_____   ○ _____
_____   ○ _____
_____   ○ _____

SAT · APRIL 4, 2020   # SUN · APRIL 5, 2020

_____   _____
_____   _____
_____   _____
_____   _____
_____   _____
_____   _____
_____   _____
_____   _____
_____   _____
_____   _____

◤ MON · APRIL 6, 2020 ⎯⎯⎯⎯⎯⎯⎯⎯⎯⎯⎯⎯

⎯⎯⎯⎯⎯⎯⎯⎯	○ ⎯⎯⎯⎯⎯⎯⎯⎯
⎯⎯⎯⎯⎯⎯⎯⎯	○ ⎯⎯⎯⎯⎯⎯⎯⎯
⎯⎯⎯⎯⎯⎯⎯⎯	○ ⎯⎯⎯⎯⎯⎯⎯⎯
⎯⎯⎯⎯⎯⎯⎯⎯	○ ⎯⎯⎯⎯⎯⎯⎯⎯
⎯⎯⎯⎯⎯⎯⎯⎯	○ ⎯⎯⎯⎯⎯⎯⎯⎯
⎯⎯⎯⎯⎯⎯⎯⎯	○ ⎯⎯⎯⎯⎯⎯⎯⎯
⎯⎯⎯⎯⎯⎯⎯⎯	○ ⎯⎯⎯⎯⎯⎯⎯⎯
⎯⎯⎯⎯⎯⎯⎯⎯	○ ⎯⎯⎯⎯⎯⎯⎯⎯
⎯⎯⎯⎯⎯⎯⎯⎯	○ ⎯⎯⎯⎯⎯⎯⎯⎯
⎯⎯⎯⎯⎯⎯⎯⎯	○ ⎯⎯⎯⎯⎯⎯⎯⎯
⎯⎯⎯⎯⎯⎯⎯⎯	○ ⎯⎯⎯⎯⎯⎯⎯⎯

◤ TUE · APRIL 7, 2020 ⎯⎯⎯⎯⎯⎯⎯⎯⎯⎯⎯⎯

⎯⎯⎯⎯⎯⎯⎯⎯	○ ⎯⎯⎯⎯⎯⎯⎯⎯
⎯⎯⎯⎯⎯⎯⎯⎯	○ ⎯⎯⎯⎯⎯⎯⎯⎯
⎯⎯⎯⎯⎯⎯⎯⎯	○ ⎯⎯⎯⎯⎯⎯⎯⎯
⎯⎯⎯⎯⎯⎯⎯⎯	○ ⎯⎯⎯⎯⎯⎯⎯⎯
⎯⎯⎯⎯⎯⎯⎯⎯	○ ⎯⎯⎯⎯⎯⎯⎯⎯
⎯⎯⎯⎯⎯⎯⎯⎯	○ ⎯⎯⎯⎯⎯⎯⎯⎯
⎯⎯⎯⎯⎯⎯⎯⎯	○ ⎯⎯⎯⎯⎯⎯⎯⎯
⎯⎯⎯⎯⎯⎯⎯⎯	○ ⎯⎯⎯⎯⎯⎯⎯⎯
⎯⎯⎯⎯⎯⎯⎯⎯	○ ⎯⎯⎯⎯⎯⎯⎯⎯
⎯⎯⎯⎯⎯⎯⎯⎯	○ ⎯⎯⎯⎯⎯⎯⎯⎯
⎯⎯⎯⎯⎯⎯⎯⎯	○ ⎯⎯⎯⎯⎯⎯⎯⎯

◤ WED · APRIL 8, 2020 ⎯⎯⎯⎯⎯⎯⎯⎯⎯⎯⎯⎯

⎯⎯⎯⎯⎯⎯⎯⎯	○ ⎯⎯⎯⎯⎯⎯⎯⎯
⎯⎯⎯⎯⎯⎯⎯⎯	○ ⎯⎯⎯⎯⎯⎯⎯⎯
⎯⎯⎯⎯⎯⎯⎯⎯	○ ⎯⎯⎯⎯⎯⎯⎯⎯
⎯⎯⎯⎯⎯⎯⎯⎯	○ ⎯⎯⎯⎯⎯⎯⎯⎯
⎯⎯⎯⎯⎯⎯⎯⎯	○ ⎯⎯⎯⎯⎯⎯⎯⎯
⎯⎯⎯⎯⎯⎯⎯⎯	○ ⎯⎯⎯⎯⎯⎯⎯⎯
⎯⎯⎯⎯⎯⎯⎯⎯	○ ⎯⎯⎯⎯⎯⎯⎯⎯
⎯⎯⎯⎯⎯⎯⎯⎯	○ ⎯⎯⎯⎯⎯⎯⎯⎯
⎯⎯⎯⎯⎯⎯⎯⎯	○ ⎯⎯⎯⎯⎯⎯⎯⎯
⎯⎯⎯⎯⎯⎯⎯⎯	○ ⎯⎯⎯⎯⎯⎯⎯⎯
⎯⎯⎯⎯⎯⎯⎯⎯	○ ⎯⎯⎯⎯⎯⎯⎯⎯

■ THU · APRIL 9, 2020

_____

- ○ _____
- ○ _____
- ○ _____
- ○ _____
- ○ _____
- ○ _____
- ○ _____
- ○ _____
- ○ _____
- ○ _____
- ○ _____

■ FRI · APRIL 10, 2020

_____

- ○ _____
- ○ _____
- ○ _____
- ○ _____
- ○ _____
- ○ _____
- ○ _____
- ○ _____
- ○ _____
- ○ _____
- ○ _____

GOOD FRIDAY

■ SAT · APRIL 11, 2020

■ SUN · APRIL 12, 2020

EASTER

MON · APRIL 13, 2020

TUE · APRIL 14, 2020

WED · APRIL 15, 2020

THU · APRIL 16, 2020

_____   ○ _____
_____   ○ _____
_____   ○ _____
_____   ○ _____
_____   ○ _____
_____   ○ _____
_____   ○ _____
_____   ○ _____
_____   ○ _____
_____   ○ _____
_____   ○ _____

FRI · APRIL 17, 2020

_____   ○ _____
_____   ○ _____
_____   ○ _____
_____   ○ _____
_____   ○ _____
_____   ○ _____
_____   ○ _____
_____   ○ _____
_____   ○ _____
_____   ○ _____
_____   ○ _____

SAT · APRIL 18, 2020

_____
_____
_____
_____
_____
_____
_____
_____
_____

SUN · APRIL 19, 2020

_____
_____
_____
_____
_____
_____
_____
_____
_____

◤ MON · APRIL 20, 2020 ─────────────────────

_____   ○ _____
_____   ○ _____
_____   ○ _____
_____   ○ _____
_____   ○ _____
_____   ○ _____
_____   ○ _____
_____   ○ _____
_____   ○ _____
_____   ○ _____
_____   ○ _____

◤ TUE · APRIL 21, 2020 ─────────────────────

_____   ○ _____
_____   ○ _____
_____   ○ _____
_____   ○ _____
_____   ○ _____
_____   ○ _____
_____   ○ _____
_____   ○ _____
_____   ○ _____
_____   ○ _____
_____   ○ _____

◤ WED · APRIL 22, 2020 ─────────────────────

_____   ○ _____
_____   ○ _____
_____   ○ _____
_____   ○ _____
_____   ○ _____
_____   ○ _____
_____   ○ _____
_____   ○ _____
_____   ○ _____
EARTH DAY _____   ○ _____
   ○ _____

◤ THU · APRIL 23, 2020

_____

- ○ _____
- ○ _____
- ○ _____
- ○ _____
- ○ _____
- ○ _____
- ○ _____
- ○ _____
- ○ _____
- ○ _____
- ○ _____

◤ FRI · APRIL 24, 2020

_____

- ○ _____
- ○ _____
- ○ _____
- ○ _____
- ○ _____
- ○ _____
- ○ _____
- ○ _____
- ○ _____
- ○ _____
- ○ _____

◤ SAT · APRIL 25, 2020

◤ SUN · APRIL 26, 2020

May

"You are never too old to set another goal or to dream a new dream..."
- C.S. Lewis

Monthly Goal:

Notes:

Half Year Reset

Your Word:

HEALTH	CAREER	PERSONAL	FAMILY
☐	☐	☐	☐
☐	☐	☐	☐
☐	☐	☐	☐
☐	☐	☐	☐
☐	☐	☐	☐
☐	☐	☐	☐
☐	☐	☐	☐
☐	☐	☐	☐
☐	☐	☐	☐
☐	☐	☐	☐
☐			

Instructions:
1. Write down some of the things you would like to achieve in these areas.
2. Reference what you wrote in January. Are they the same? Have things changed?
3. Check off a few of these you know you can implement in your life.

Make a Plan:

MAY 2020

SUNDAY	MONDAY	TUESDAY	WEDNESDAY
3	4	5 *Cinco de Mayo*	6
10 MOTHER'S DAY	11	12	13
17	18	19	20
24 / 31	25 MEMORIAL DAY	26	27

THURSDAY	FRIDAY	SATURDAY	NOTES
	1	2	
7	8	9	
14	15	16	
21	22	23	
28	29	30 Water a Flower Day	

MON · APRIL 27, 2020

_____

(lined writing area)

○ _____
○ _____
○ _____
○ _____
○ _____
○ _____
○ _____
○ _____
○ _____
○ _____
○ _____

TUE · APRIL 28, 2020

_____

(lined writing area)

○ _____
○ _____
○ _____
○ _____
○ _____
○ _____
○ _____
○ _____
○ _____
○ _____
○ _____

WED · APRIL 29, 2020

_____

(lined writing area)

○ _____
○ _____
○ _____
○ _____
○ _____
○ _____
○ _____
○ _____
○ _____
○ _____
○ _____

■ THU · APRIL 30, 2020

- ◯ _____
- ◯ _____
- ◯ _____
- ◯ _____
- ◯ _____
- ◯ _____
- ◯ _____
- ◯ _____
- ◯ _____
- ◯ _____
- ◯ _____

■ FRI · MAY 1, 2020

- ◯ _____
- ◯ _____
- ◯ _____
- ◯ _____
- ◯ _____
- ◯ _____
- ◯ _____
- ◯ _____
- ◯ _____
- ◯ _____
- ◯ _____

■ SAT · MAY 2, 2020

■ SUN · MAY 3, 2020

MON · MAY 4, 2020

_____   ○ _____
_____   ○ _____
_____   ○ _____
_____   ○ _____
_____   ○ _____
_____   ○ _____
_____   ○ _____
_____   ○ _____
_____   ○ _____
_____   ○ _____
_____   ○ _____

TUE · MAY 5, 2020

_____   ○ _____
_____   ○ _____
_____   ○ _____
_____   ○ _____
_____   ○ _____
_____   ○ _____
_____   ○ _____
_____   ○ _____
_____   ○ _____
_____   ○ _____
_____   ○ _____

WED · MAY 6, 2020

_____   ○ _____
_____   ○ _____
_____   ○ _____
_____   ○ _____
_____   ○ _____
_____   ○ _____
_____   ○ _____
_____   ○ _____
_____   ○ _____
_____   ○ _____
_____   ○ _____

THU · MAY 7, 2020

- ⚬ _____
- ⚬ _____
- ⚬ _____
- ⚬ _____
- ⚬ _____
- ⚬ _____
- ⚬ _____
- ⚬ _____
- ⚬ _____
- ⚬ _____
- ⚬ _____

FRI · MAY 8, 2020

- ⚬ _____
- ⚬ _____
- ⚬ _____
- ⚬ _____
- ⚬ _____
- ⚬ _____
- ⚬ _____
- ⚬ _____
- ⚬ _____
- ⚬ _____
- ⚬ _____

SAT · MAY 9, 2020

SUN · MAY 10, 2020

MOTHER'S DAY

⬛ MON · MAY 11, 2020

_____

- ○ _____
- ○ _____
- ○ _____
- ○ _____
- ○ _____
- ○ _____
- ○ _____
- ○ _____
- ○ _____
- ○ _____
- ○ _____

⬛ TUE · MAY 12, 2020

_____

- ○ _____
- ○ _____
- ○ _____
- ○ _____
- ○ _____
- ○ _____
- ○ _____
- ○ _____
- ○ _____
- ○ _____
- ○ _____

⬛ WED · MAY 13, 2020

_____

- ○ _____
- ○ _____
- ○ _____
- ○ _____
- ○ _____
- ○ _____
- ○ _____
- ○ _____
- ○ _____
- ○ _____
- ○ _____

■ THU · MAY 14, 2020 _____

_____   ○ _____
_____   ○ _____
_____   ○ _____
_____   ○ _____
_____   ○ _____
_____   ○ _____
_____   ○ _____
_____   ○ _____
_____   ○ _____
_____   ○ _____
_____   ○ _____

■ FRI · MAY 15, 2020 _____

_____   ○ _____
_____   ○ _____
_____   ○ _____
_____   ○ _____
_____   ○ _____
_____   ○ _____
_____   ○ _____
_____   ○ _____
_____   ○ _____
_____   ○ _____
_____   ○ _____

■ SAT · MAY 16, 2020   ■ SUN · MAY 17, 2020

_____   _____
_____   _____
_____   _____
_____   _____
_____   _____
_____   _____
_____   _____
_____   _____
_____   _____

◤ MON · MAY 18, 2020

_____

- ○ _____
- ○ _____
- ○ _____
- ○ _____
- ○ _____
- ○ _____
- ○ _____
- ○ _____
- ○ _____
- ○ _____
- ○ _____

◤ TUE · MAY 19, 2020

_____

- ○ _____
- ○ _____
- ○ _____
- ○ _____
- ○ _____
- ○ _____
- ○ _____
- ○ _____
- ○ _____
- ○ _____
- ○ _____

◤ WED · MAY 20, 2020

_____

- ○ _____
- ○ _____
- ○ _____
- ○ _____
- ○ _____
- ○ _____
- ○ _____
- ○ _____
- ○ _____
- ○ _____
- ○ _____

THU · MAY 21, 2020

_____

- _____
- _____
- _____
- _____
- _____
- _____
- _____
- _____
- _____
- _____
- _____

FRI · MAY 22, 2020

_____

- _____
- _____
- _____
- _____
- _____
- _____
- _____
- _____
- _____
- _____
- _____

SAT · MAY 23, 2020

SUN · MAY 24, 2020

MON • MAY 25, 2020

_____   ○ _____
_____   ○ _____
_____   ○ _____
_____   ○ _____
_____   ○ _____
_____   ○ _____
_____   ○ _____
_____   ○ _____
_____   ○ _____
_____   ○ _____
MEMORIAL DAY   ○ _____

TUE • MAY 26, 2020

_____   ○ _____
_____   ○ _____
_____   ○ _____
_____   ○ _____
_____   ○ _____
_____   ○ _____
_____   ○ _____
_____   ○ _____
_____   ○ _____
_____   ○ _____
_____   ○ _____

WED • MAY 27, 2020

_____   ○ _____
_____   ○ _____
_____   ○ _____
_____   ○ _____
_____   ○ _____
_____   ○ _____
_____   ○ _____
_____   ○ _____
_____   ○ _____
_____   ○ _____
_____   ○ _____

THU · MAY 28, 2020

_____

_____   ○ _____
_____   ○ _____
_____   ○ _____
_____   ○ _____
_____   ○ _____
_____   ○ _____
_____   ○ _____
_____   ○ _____
_____   ○ _____
_____   ○ _____
                                      ○ _____

FRI · MAY 29, 2020

_____

_____   ○ _____
_____   ○ _____
_____   ○ _____
_____   ○ _____
_____   ○ _____
_____   ○ _____
_____   ○ _____
_____   ○ _____
_____   ○ _____
_____   ○ _____
_____   ○ _____

SAT · MAY 30, 2020   ## SUN · MAY 31, 2020

June

"Enthusiasm is the mother of effort. Nothing great was ever achieved without enthusiasm..." -Ralph Waldo Emerson

Monthly Goal:

Notes:

Movies

1. _____ ☆ ☆ ☆ ☆ ☆
2. _____ ☆ ☆ ☆ ☆ ☆
3. _____ ☆ ☆ ☆ ☆ ☆
4. _____ ☆ ☆ ☆ ☆ ☆
5. _____ ☆ ☆ ☆ ☆ ☆

Books

1. _____ ☆ ☆ ☆ ☆ ☆
2. _____ ☆ ☆ ☆ ☆ ☆
3. _____ ☆ ☆ ☆ ☆ ☆
4. _____ ☆ ☆ ☆ ☆ ☆
5. _____ ☆ ☆ ☆ ☆ ☆

Activities

1. _____ ☆ ☆ ☆ ☆ ☆
2. _____ ☆ ☆ ☆ ☆ ☆
3. _____ ☆ ☆ ☆ ☆ ☆
4. _____ ☆ ☆ ☆ ☆ ☆
5. _____ ☆ ☆ ☆ ☆ ☆

Road Trips

1. _____ ☆ ☆ ☆ ☆ ☆
2. _____ ☆ ☆ ☆ ☆ ☆
3. _____ ☆ ☆ ☆ ☆ ☆

JUNE 2020

SUNDAY	MONDAY	TUESDAY	WEDNESDAY
	1	2	3
7	8	9	10
14	15	16	17
FLAG DAY			
21	22	23	24
FATHER'S DAY			
28	29	30	

THURSDAY	FRIDAY	SATURDAY	NOTES
4	5	6	_____
	National Donut Day		_____
11	12	13	_____
18	19	20	_____
25	26	27	_____
			_____

MON · JUNE 1, 2020

- ○
- ○
- ○
- ○
- ○
- ○
- ○
- ○
- ○
- ○
- ○

TUE · JUNE 2, 2020

- ○
- ○
- ○
- ○
- ○
- ○
- ○
- ○
- ○
- ○
- ○

WED · JUNE 3, 2020

- ○
- ○
- ○
- ○
- ○
- ○
- ○
- ○
- ○
- ○
- ○

■ THU · JUNE 4, 2020

_____
_____
_____
_____
_____
_____
_____
_____
_____
_____

○ _____
○ _____
○ _____
○ _____
○ _____
○ _____
○ _____
○ _____
○ _____
○ _____
○ _____

■ FRI · JUNE 5, 2020

_____
_____
_____
_____
_____
_____
_____
_____
_____
_____
_____

○ _____
○ _____
○ _____
○ _____
○ _____
○ _____
○ _____
○ _____
○ _____
○ _____
○ _____

■ SAT · JUNE 6, 2020

_____
_____
_____
_____
_____
_____
_____
_____

■ SUN · JUNE 7, 2020

_____
_____
_____
_____
_____
_____
_____
_____

▌MON · JUNE 8, 2020

_____

- ○ _____
- ○ _____
- ○ _____
- ○ _____
- ○ _____
- ○ _____
- ○ _____
- ○ _____
- ○ _____
- ○ _____
- ○ _____

▌TUE · JUNE 9, 2020

_____

- ○ _____
- ○ _____
- ○ _____
- ○ _____
- ○ _____
- ○ _____
- ○ _____
- ○ _____
- ○ _____
- ○ _____
- ○ _____

▌WED · JUNE 10, 2020

_____

- ○ _____
- ○ _____
- ○ _____
- ○ _____
- ○ _____
- ○ _____
- ○ _____
- ○ _____
- ○ _____
- ○ _____
- ○ _____

THU · JUNE 11, 2020

_____

- _____
- _____
- _____
- _____
- _____
- _____
- _____
- _____
- _____
- _____
- _____

FRI · JUNE 12, 2020

_____

- _____
- _____
- _____
- _____
- _____
- _____
- _____
- _____
- _____
- _____
- _____

SAT · JUNE 13, 2020

SUN · JUNE 14, 2020

FLAG DAY

MON · JUNE 15, 2020

_____
_____
_____
_____
_____
_____
_____
_____
_____
_____
_____

○ _____
○ _____
○ _____
○ _____
○ _____
○ _____
○ _____
○ _____
○ _____
○ _____
○ _____

TUE · JUNE 16, 2020

_____
_____
_____
_____
_____
_____
_____
_____
_____
_____
_____

○ _____
○ _____
○ _____
○ _____
○ _____
○ _____
○ _____
○ _____
○ _____
○ _____
○ _____

WED · JUNE 17, 2020

_____
_____
_____
_____
_____
_____
_____
_____
_____
_____
_____

○ _____
○ _____
○ _____
○ _____
○ _____
○ _____
○ _____
○ _____
○ _____
○ _____
○ _____

THU · JUNE 18, 2020

- _____
- _____
- _____
- _____
- _____
- _____
- _____
- _____
- _____
- _____
- _____

○ _____
○ _____
○ _____
○ _____
○ _____
○ _____
○ _____
○ _____
○ _____
○ _____
○ _____

FRI · JUNE 19, 2020

- _____
- _____
- _____
- _____
- _____
- _____
- _____
- _____
- _____
- _____
- _____

○ _____
○ _____
○ _____
○ _____
○ _____
○ _____
○ _____
○ _____
○ _____
○ _____
○ _____

SAT · JUNE 20, 2020

SUN · JUNE 21, 2020

FATHER'S DAY

◣ MON · JUNE 22, 2020

_____	○ _____
_____	○ _____
_____	○ _____
_____	○ _____
_____	○ _____
_____	○ _____
_____	○ _____
_____	○ _____
_____	○ _____
_____	○ _____
_____	○ _____

◣ TUE · JUNE 23, 2020

_____	○ _____
_____	○ _____
_____	○ _____
_____	○ _____
_____	○ _____
_____	○ _____
_____	○ _____
_____	○ _____
_____	○ _____
_____	○ _____
_____	○ _____

◣ WED · JUNE 24, 2020

_____	○ _____
_____	○ _____
_____	○ _____
_____	○ _____
_____	○ _____
_____	○ _____
_____	○ _____
_____	○ _____
_____	○ _____
_____	○ _____
_____	○ _____

◤ THU • JUNE 25, 2020 ⎯⎯⎯⎯⎯⎯⎯⎯⎯⎯⎯⎯

_____   ○ _____
_____   ○ _____
_____   ○ _____
_____   ○ _____
_____   ○ _____
_____   ○ _____
_____   ○ _____
_____   ○ _____
_____   ○ _____
_____   ○ _____
_____   ○ _____

◤ FRI • JUNE 26, 2020 ⎯⎯⎯⎯⎯⎯⎯⎯⎯⎯⎯⎯

_____   ○ _____
_____   ○ _____
_____   ○ _____
_____   ○ _____
_____   ○ _____
_____   ○ _____
_____   ○ _____
_____   ○ _____
_____   ○ _____
_____   ○ _____
_____   ○ _____

◤ SAT • JUNE 27, 2020   # ◤ SUN • JUNE 28, 2020

_____   _____
_____   _____
_____   _____
_____   _____
_____   _____
_____   _____
_____   _____
_____   _____
_____   _____

July

"Don't judge each day by the harvest that you reap, but by the seeds that you plant." - Robert Louis Stevenson

Monthly Goal:

Notes:

Creating New Habits

Brain Dump: Habits you want to create...

Pick one new habit to focus on (be specific):

Set a goal for your habit:

Pick out a reward:

Tip:

Put this habit alongside a habit you have already established, like when you brush your teeth every morning.

JULY 2020

SUNDAY	MONDAY	TUESDAY	WEDNESDAY
			1
5	6	7	8
12	13	14	15
19 *National Ice Cream Day*	20	21	22
26	27	28	29

THURSDAY	FRIDAY	SATURDAY	NOTES
2	3	4	_____
		INDEPENDENCE DAY	_____
9	10	11	_____
			_____
16	17	18	_____
			_____
23	24	25	_____
			_____
30	31		_____

■ MON · JUNE 29, 2020 _____

_____   ○ _____
_____   ○ _____
_____   ○ _____
_____   ○ _____
_____   ○ _____
_____   ○ _____
_____   ○ _____
_____   ○ _____
_____   ○ _____
_____   ○ _____
_____   ○ _____

■ TUE · JUNE 30, 2020 _____

_____   ○ _____
_____   ○ _____
_____   ○ _____
_____   ○ _____
_____   ○ _____
_____   ○ _____
_____   ○ _____
_____   ○ _____
_____   ○ _____
_____   ○ _____
_____   ○ _____
_____   ○ _____

■ WED · JULY 1, 2020 _____

_____   ○ _____
_____   ○ _____
_____   ○ _____
_____   ○ _____
_____   ○ _____
_____   ○ _____
_____   ○ _____
_____   ○ _____
_____   ○ _____
_____   ○ _____
_____   ○ _____
_____   ○ _____

THU · JULY 2, 2020

○ _____

○ _____

○ _____

○ _____

○ _____

○ _____

○ _____

○ _____

○ _____

○ _____

○ _____

FRI · JULY 3, 2020

○ _____

○ _____

○ _____

○ _____

○ _____

○ _____

○ _____

○ _____

○ _____

○ _____

○ _____

SAT · JULY 4, 2020

INDEPENDENCE DAY

SUN · JULY 5, 2020

MON · JULY 6, 2020

_____   ○ _____
_____   ○ _____
_____   ○ _____
_____   ○ _____
_____   ○ _____
_____   ○ _____
_____   ○ _____
_____   ○ _____
_____   ○ _____
_____   ○ _____
_____   ○ _____

TUE · JULY 7, 2020

_____   ○ _____
_____   ○ _____
_____   ○ _____
_____   ○ _____
_____   ○ _____
_____   ○ _____
_____   ○ _____
_____   ○ _____
_____   ○ _____
_____   ○ _____
_____   ○ _____
_____   ○ _____

WED · JULY 8, 2020

_____   ○ _____
_____   ○ _____
_____   ○ _____
_____   ○ _____
_____   ○ _____
_____   ○ _____
_____   ○ _____
_____   ○ _____
_____   ○ _____
_____   ○ _____
_____   ○ _____

THU · JULY 9, 2020

_____
_____
_____
_____
_____
_____
_____
_____
_____
_____

○ _____
○ _____
○ _____
○ _____
○ _____
○ _____
○ _____
○ _____
○ _____
○ _____
○ _____

FRI · JULY 10, 2020

_____
_____
_____
_____
_____
_____
_____
_____
_____
_____

○ _____
○ _____
○ _____
○ _____
○ _____
○ _____
○ _____
○ _____
○ _____
○ _____
○ _____

SAT · JULY 11, 2020

_____
_____
_____
_____
_____
_____
_____
_____
_____

SUN · JULY 12, 2020

_____
_____
_____
_____
_____
_____
_____
_____
_____

◣ MON · JULY 13, 2020 _____

_____   ○ _____
_____   ○ _____
_____   ○ _____
_____   ○ _____
_____   ○ _____
_____   ○ _____
_____   ○ _____
_____   ○ _____
_____   ○ _____
_____   ○ _____
_____   ○ _____

◣ TUE · JULY 14, 2020 _____

_____   ○ _____
_____   ○ _____
_____   ○ _____
_____   ○ _____
_____   ○ _____
_____   ○ _____
_____   ○ _____
_____   ○ _____
_____   ○ _____
_____   ○ _____
_____   ○ _____
_____   ○ _____

◣ WED · JULY 15, 2020 _____

_____   ○ _____
_____   ○ _____
_____   ○ _____
_____   ○ _____
_____   ○ _____
_____   ○ _____
_____   ○ _____
_____   ○ _____
_____   ○ _____
_____   ○ _____
_____   ○ _____
_____   ○ _____

THU · JULY 16, 2020

- _____
- _____
- _____
- _____
- _____
- _____
- _____
- _____
- _____
- _____
- _____

FRI · JULY 17, 2020

- _____
- _____
- _____
- _____
- _____
- _____
- _____
- _____
- _____
- _____
- _____

SAT · JULY 18, 2020

SUN · JULY 19, 2020

◣ MON · JULY 20, 2020

_____   ○ _____
_____   ○ _____
_____   ○ _____
_____   ○ _____
_____   ○ _____
_____   ○ _____
_____   ○ _____
_____   ○ _____
_____   ○ _____
_____   ○ _____
_____   ○ _____

◣ TUE · JULY 21, 2020

_____   ○ _____
_____   ○ _____
_____   ○ _____
_____   ○ _____
_____   ○ _____
_____   ○ _____
_____   ○ _____
_____   ○ _____
_____   ○ _____
_____   ○ _____
_____   ○ _____

◣ WED · JULY 22, 2020

_____   ○ _____
_____   ○ _____
_____   ○ _____
_____   ○ _____
_____   ○ _____
_____   ○ _____
_____   ○ _____
_____   ○ _____
_____   ○ _____
_____   ○ _____
_____   ○ _____

THU · JULY 23, 2020

_____   ○ _____
_____   ○ _____
_____   ○ _____
_____   ○ _____
_____   ○ _____
_____   ○ _____
_____   ○ _____
_____   ○ _____
_____   ○ _____
_____   ○ _____
_____   ○ _____

FRI · JULY 24, 2020

_____   ○ _____
_____   ○ _____
_____   ○ _____
_____   ○ _____
_____   ○ _____
_____   ○ _____
_____   ○ _____
_____   ○ _____
_____   ○ _____
_____   ○ _____
_____   ○ _____

SAT · JULY 25, 2020

SUN · JULY 26, 2020

⬛ MON · JULY 27, 2020 _____

_____   ○ _____
_____   ○ _____
_____   ○ _____
_____   ○ _____
_____   ○ _____
_____   ○ _____
_____   ○ _____
_____   ○ _____
_____   ○ _____
_____   ○ _____
_____   ○ _____

⬛ TUE · JULY 28, 2020 _____

_____   ○ _____
_____   ○ _____
_____   ○ _____
_____   ○ _____
_____   ○ _____
_____   ○ _____
_____   ○ _____
_____   ○ _____
_____   ○ _____
_____   ○ _____
_____   ○ _____

⬛ WED · JULY 29, 2020 _____

_____   ○ _____
_____   ○ _____
_____   ○ _____
_____   ○ _____
_____   ○ _____
_____   ○ _____
_____   ○ _____
_____   ○ _____
_____   ○ _____
_____   ○ _____
_____   ○ _____

THU · JULY 30, 2020

_____   ○ _____
_____   ○ _____
_____   ○ _____
_____   ○ _____
_____   ○ _____
_____   ○ _____
_____   ○ _____
_____   ○ _____
_____   ○ _____
_____   ○ _____
_____   ○ _____

FRI · JULY 31, 2020

_____   ○ _____
_____   ○ _____
_____   ○ _____
_____   ○ _____
_____   ○ _____
_____   ○ _____
_____   ○ _____
_____   ○ _____
_____   ○ _____
_____   ○ _____
_____   ○ _____

SAT · AUGUST 1, 2020   ## SUN · AUGUST 2, 2020

August

"Education is the passport to the future, for tomorrow belongs to those who prepare for it today..." -Malcolm X

Monthly Goal:

Notes:

Back to School

SHOPPING LIST:

☐
☐
☐
☐
☐
☐
☐
☐
☐
☐
☐
☐
☐
☐
☐
☐
☐
☐
☐
☐
☐
☐
☐
☐

PAPERWORK:

☐ Shot Records
☐
☐
☐
☐
☐
☐
☐
☐
☐
☐
☐
☐
☐
☐

OTHER:

☐ Hair Cuts
☐ Physical
☐ Vitamins
☐
☐
☐
☐

AUGUST 2020

SUNDAY	MONDAY	TUESDAY	WEDNESDAY
2	3	4	5
9 *Book Lover's Day*	10	11	12
16 *Tell a Joke Day*	17	18	19
23 / 30	24 / 31	25	26 *National Dog Day*

THURSDAY	FRIDAY	SATURDAY	NOTES
		1	
6	7	8	
Root Beer Float Day			
13	14	15	
20	21	22	
27	28	29	

◣ MON · AUGUST 3, 2020 _____

_____ ○ _____
_____ ○ _____
_____ ○ _____
_____ ○ _____
_____ ○ _____
_____ ○ _____
_____ ○ _____
_____ ○ _____
_____ ○ _____
_____ ○ _____
_____ ○ _____

◣ TUE · AUGUST 4, 2020 _____

_____ ○ _____
_____ ○ _____
_____ ○ _____
_____ ○ _____
_____ ○ _____
_____ ○ _____
_____ ○ _____
_____ ○ _____
_____ ○ _____
_____ ○ _____
_____ ○ _____
_____ ○ _____

◣ WED · AUGUST 5, 2020 _____

_____ ○ _____
_____ ○ _____
_____ ○ _____
_____ ○ _____
_____ ○ _____
_____ ○ _____
_____ ○ _____
_____ ○ _____
_____ ○ _____
_____ ○ _____
_____ ○ _____
_____ ○ _____

■ THU · AUGUST 6, 2020 ─────────────────

_____   ○ _____
_____   ○ _____
_____   ○ _____
_____   ○ _____
_____   ○ _____
_____   ○ _____
_____   ○ _____
_____   ○ _____
_____   ○ _____
_____   ○ _____
_____   ○ _____

■ FRI · AUGUST 7, 2020 ─────────────────

_____   ○ _____
_____   ○ _____
_____   ○ _____
_____   ○ _____
_____   ○ _____
_____   ○ _____
_____   ○ _____
_____   ○ _____
_____   ○ _____
_____   ○ _____
_____   ○ _____

■ SAT · AUGUST 8, 2020   ■ SUN · AUGUST 9, 2020

_____   _____
_____   _____
_____   _____
_____   _____
_____   _____
_____   _____
_____   _____
_____   _____
_____   _____
_____   _____

■ MON · AUGUST 10, 2020

- ○
- ○
- ○
- ○
- ○
- ○
- ○
- ○
- ○
- ○
- ○

■ TUE · AUGUST 11, 2020

- ○
- ○
- ○
- ○
- ○
- ○
- ○
- ○
- ○
- ○
- ○
- ○

■ WED · AUGUST 12, 2020

- ○
- ○
- ○
- ○
- ○
- ○
- ○
- ○
- ○
- ○
- ○

■ THU · AUGUST 13, 2020 _____

_____   ○ _____
_____   ○ _____
_____   ○ _____
_____   ○ _____
_____   ○ _____
_____   ○ _____
_____   ○ _____
_____   ○ _____
_____   ○ _____
_____   ○ _____
_____   ○ _____

■ FRI · AUGUST 14, 2020 _____

_____   ○ _____
_____   ○ _____
_____   ○ _____
_____   ○ _____
_____   ○ _____
_____   ○ _____
_____   ○ _____
_____   ○ _____
_____   ○ _____
_____   ○ _____
_____   ○ _____
_____   ○ _____

■ SAT · AUGUST 15, 2020

_____
_____
_____
_____
_____
_____
_____
_____
_____
_____

■ SUN · AUGUST 16, 2020

_____
_____
_____
_____
_____
_____
_____
_____
_____
_____

◣ MON · AUGUST 17, 2020 _____

_____   ○ _____
_____   ○ _____
_____   ○ _____
_____   ○ _____
_____   ○ _____
_____   ○ _____
_____   ○ _____
_____   ○ _____
_____   ○ _____
_____   ○ _____
_____   ○ _____

◣ TUE · AUGUST 18, 2020 _____

_____   ○ _____
_____   ○ _____
_____   ○ _____
_____   ○ _____
_____   ○ _____
_____   ○ _____
_____   ○ _____
_____   ○ _____
_____   ○ _____
_____   ○ _____
_____   ○ _____
_____   ○ _____

◣ WED · AUGUST 19, 2020 _____

_____   ○ _____
_____   ○ _____
_____   ○ _____
_____   ○ _____
_____   ○ _____
_____   ○ _____
_____   ○ _____
_____   ○ _____
_____   ○ _____
_____   ○ _____
_____   ○ _____
                             ○ _____

◤ THU · AUGUST 20, 2020

_____
_____
_____
_____
_____
_____
_____
_____
_____
_____

○ _____
○ _____
○ _____
○ _____
○ _____
○ _____
○ _____
○ _____
○ _____
○ _____
○ _____

◤ FRI · AUGUST 21, 2020

_____
_____
_____
_____
_____
_____
_____
_____
_____
_____
_____

○ _____
○ _____
○ _____
○ _____
○ _____
○ _____
○ _____
○ _____
○ _____
○ _____
○ _____

◤ SAT · AUGUST 22, 2020

_____
_____
_____
_____
_____
_____
_____
_____
_____

◤ SUN · AUGUST 23, 2020

_____
_____
_____
_____
_____
_____
_____
_____
_____

MON · AUGUST 24, 2020

_____

- _____
- _____
- _____
- _____
- _____
- _____
- _____
- _____
- _____
- _____
- _____

TUE · AUGUST 25, 2020

_____

- _____
- _____
- _____
- _____
- _____
- _____
- _____
- _____
- _____
- _____
- _____

WED · AUGUST 26, 2020

_____

- _____
- _____
- _____
- _____
- _____
- _____
- _____
- _____
- _____
- _____
- _____

THU · AUGUST 27, 2020

_____   ○ _____
_____   ○ _____
_____   ○ _____
_____   ○ _____
_____   ○ _____
_____   ○ _____
_____   ○ _____
_____   ○ _____
_____   ○ _____
_____   ○ _____
_____   ○ _____

FRI · AUGUST 28, 2020

_____   ○ _____
_____   ○ _____
_____   ○ _____
_____   ○ _____
_____   ○ _____
_____   ○ _____
_____   ○ _____
_____   ○ _____
_____   ○ _____
_____   ○ _____
_____   ○ _____

SAT · AUGUST 29, 2020

_____
_____
_____
_____
_____
_____
_____
_____
_____
_____
_____

SUN · AUGUST 30, 2020

_____
_____
_____
_____
_____
_____
_____
_____
_____
_____
_____

September

"A goal without a plan is just a wish..."
- Antoine de Saint Exupery

Monthly Goal:

Notes:

Health Month

GOALS

Nutrition

Exercise

Sleep

NOTES

Date

# of cups

W A T E R :

_____

_____

_____

_____

_____

_____

_____

SEPTEMEBER 2020

SUNDAY	MONDAY	TUESDAY	WEDNESDAY
		1	2
6 *Read a Book Day*	7 LABOR DAY	8	9
13	14	15	16
20	21	22	23
27 YOM KIPPUR	28	29 *National Coffee Day*	30

THURSDAY	FRIDAY	SATURDAY	NOTES
3	4	5	_____
			_____
10	11	12	_____
			_____
17	18	19	_____
	ROSH HASHANAH		_____
24	25	26	_____
			_____
			_____

▰ MON · AUGUST 31, 2020

_____

- _____
- _____
- _____
- _____
- _____
- _____
- _____
- _____
- _____
- _____
- _____

▰ TUE · SEPTEMBER 1, 2020

_____

- _____
- _____
- _____
- _____
- _____
- _____
- _____
- _____
- _____
- _____
- _____
- _____

▰ WED · SEPTEMBER 2, 2020

_____

- _____
- _____
- _____
- _____
- _____
- _____
- _____
- _____
- _____
- _____
- _____

◣ THU · SEPTEMBER 3, 2020

_____   ○ _____
_____   ○ _____
_____   ○ _____
_____   ○ _____
_____   ○ _____
_____   ○ _____
_____   ○ _____
_____   ○ _____
_____   ○ _____
_____   ○ _____
_____   ○ _____

◣ FRI · SEPTEMBER 4, 2020

_____   ○ _____
_____   ○ _____
_____   ○ _____
_____   ○ _____
_____   ○ _____
_____   ○ _____
_____   ○ _____
_____   ○ _____
_____   ○ _____
_____   ○ _____
_____   ○ _____

◣ SAT · SEPTEMBER 5, 2020

◣ SUN · SEPTEMBER 6, 2020

◤ MON · SEPTEMBER 7, 2020

_____   ○ _____
_____   ○ _____
_____   ○ _____
_____   ○ _____
_____   ○ _____
_____   ○ _____
_____   ○ _____
_____   ○ _____
_____   ○ _____
_____   ○ _____

LABOR DAY   ○ _____

◤ TUE · SEPTEMBER 8, 2020

_____   ○ _____
_____   ○ _____
_____   ○ _____
_____   ○ _____
_____   ○ _____
_____   ○ _____
_____   ○ _____
_____   ○ _____
_____   ○ _____
_____   ○ _____
_____   ○ _____
_____   ○ _____

◤ WED · SEPTEMBER 9, 2020

_____   ○ _____
_____   ○ _____
_____   ○ _____
_____   ○ _____
_____   ○ _____
_____   ○ _____
_____   ○ _____
_____   ○ _____
_____   ○ _____
_____   ○ _____
_____   ○ _____
_____   ○ _____

■ THU · SEPTEMBER 10, 2020 ─────────────

_____   ○ _____
_____   ○ _____
_____   ○ _____
_____   ○ _____
_____   ○ _____
_____   ○ _____
_____   ○ _____
_____   ○ _____
_____   ○ _____
_____   ○ _____
                           ○ _____

■ FRI · SEPTEMBER 11, 2020 ─────────────

_____   ○ _____
_____   ○ _____
_____   ○ _____
_____   ○ _____
_____   ○ _____
_____   ○ _____
_____   ○ _____
_____   ○ _____
_____   ○ _____
_____   ○ _____
_____   ○ _____

■ SAT · SEPTEMBER 12, 2020   ■ SUN · SEPTEMBER 13, 2020

◣ MON · SEPTEMBER 14, 2020

_____

- ○ _____
- ○ _____
- ○ _____
- ○ _____
- ○ _____
- ○ _____
- ○ _____
- ○ _____
- ○ _____
- ○ _____
- ○ _____

◣ TUE · SEPTEMBER 15, 2020

_____

- ○ _____
- ○ _____
- ○ _____
- ○ _____
- ○ _____
- ○ _____
- ○ _____
- ○ _____
- ○ _____
- ○ _____
- ○ _____

◣ WED · SEPTEMBER 16, 2020

_____

- ○ _____
- ○ _____
- ○ _____
- ○ _____
- ○ _____
- ○ _____
- ○ _____
- ○ _____
- ○ _____
- ○ _____
- ○ _____
- ○ _____

THU · SEPTEMBER 17, 2020

_____

- ○ _____
- ○ _____
- ○ _____
- ○ _____
- ○ _____
- ○ _____
- ○ _____
- ○ _____
- ○ _____
- ○ _____
- ○ _____

FRI · SEPTEMBER 18, 2020

_____

- ○ _____
- ○ _____
- ○ _____
- ○ _____
- ○ _____
- ○ _____
- ○ _____
- ○ _____
- ○ _____
- ○ _____
- ○ _____

ROSH HASHANAH

SAT · SEPTEMBER 19, 2020

SUN · SEPTEMBER 20, 2020

MON · SEPTEMBER 21, 2020

_____

- ○ _____
- ○ _____
- ○ _____
- ○ _____
- ○ _____
- ○ _____
- ○ _____
- ○ _____
- ○ _____
- ○ _____
- ○ _____

TUE · SEPTEMBER 22, 2020

_____

- ○ _____
- ○ _____
- ○ _____
- ○ _____
- ○ _____
- ○ _____
- ○ _____
- ○ _____
- ○ _____
- ○ _____
- ○ _____

WED · SEPTEMBER 23, 2020

_____

- ○ _____
- ○ _____
- ○ _____
- ○ _____
- ○ _____
- ○ _____
- ○ _____
- ○ _____
- ○ _____
- ○ _____
- ○ _____

THU · SEPTEMBER 24, 2020

_____
_____
_____
_____
_____
_____
_____
_____

○ _____
○ _____
○ _____
○ _____
○ _____
○ _____
○ _____
○ _____
○ _____
○ _____
○ _____

FRI · SEPTEMBER 25, 2020

_____
_____
_____
_____
_____
_____
_____
_____

○ _____
○ _____
○ _____
○ _____
○ _____
○ _____
○ _____
○ _____
○ _____
○ _____
○ _____

SAT · SEPTEMBER 26, 2020

_____
_____
_____
_____
_____
_____
_____

SUN · SEPTEMBER 27, 2020

_____
_____
_____
_____
_____
_____

YOM KIPPUR

MON · SEPTEMBER 28, 2020

_____

_____ ○ _____
_____ ○ _____
_____ ○ _____
_____ ○ _____
_____ ○ _____
_____ ○ _____
_____ ○ _____
_____ ○ _____
_____ ○ _____
_____ ○ _____
_____ ○ _____

TUE · SEPTEMBER 29, 2020

_____

_____ ○ _____
_____ ○ _____
_____ ○ _____
_____ ○ _____
_____ ○ _____
_____ ○ _____
_____ ○ _____
_____ ○ _____
_____ ○ _____
_____ ○ _____
_____ ○ _____
_____ ○ _____

WED · SEPTEMBER 30, 2020

_____

_____ ○ _____
_____ ○ _____
_____ ○ _____
_____ ○ _____
_____ ○ _____
_____ ○ _____
_____ ○ _____
_____ ○ _____
_____ ○ _____
_____ ○ _____
_____ ○ _____
_____ ○ _____

◤ THU · OCTOBER 1, 2020

_____ ○ _____
_____ ○ _____
_____ ○ _____
_____ ○ _____
_____ ○ _____
_____ ○ _____
_____ ○ _____
_____ ○ _____
_____ ○ _____
_____ ○ _____
_____ ○ _____

◤ FRI · OCTOBER 2, 2020

_____ ○ _____
_____ ○ _____
_____ ○ _____
_____ ○ _____
_____ ○ _____
_____ ○ _____
_____ ○ _____
_____ ○ _____
_____ ○ _____
_____ ○ _____
_____ ○ _____

◤ SAT · OCTOBER 3, 2020

_____
_____
_____
_____
_____
_____
_____
_____
_____

◤ SUN · OCTOBER 4, 2020

_____
_____
_____
_____
_____
_____
_____
_____
_____

October

"Be yourself; everyone else is already taken..."
- Oscar Wilde

Monthly Goal:

Notes:

Self Care

DRAINERS:

- ☐
- ☐
- ☐
- ☐
- ☐
- ☐
- ☐
- ☐
- ☐
- ☐
- ☐
- ☐
- ☐
- ☐

GAINERS:

- ☐
- ☐
- ☐
- ☐
- ☐
- ☐
- ☐
- ☐
- ☐
- ☐
- ☐
- ☐
- ☐
- ☐

Instructions:
1. Write down everthing that is draining you right now, everything that is causing you stress.
2. Write down everything that is filling you up or making you happy.
3. Look at the drainer list, what is one thing you can stop doing or solve? Check it off.
4. Look at the gainer list, what is one thing you can do more of or put into your routine? Check it off.
5. Now write a plan to make it happen.

NOTES:

OCTOBER 2020

SUNDAY	MONDAY	TUESDAY	WEDNESDAY
4	5	6	7
National Taco Day			
11	12	13	14
	COLUMBUS DAY		
18	19	20	21
25	26	27	28

THURSDAY	FRIDAY	SATURDAY	NOTES
1	2	3	_____
	World Smile Day		_____
8	9	10	_____
			_____
15	16	17	_____
			_____
22	23	24	_____
			_____
29	30	31	_____
		HALLOWEEN	_____

▰ MON · OCTOBER 5, 2020

_____

○ _____
○ _____
○ _____
○ _____
○ _____
○ _____
○ _____
○ _____
○ _____
○ _____
○ _____

▰ TUE · OCTOBER 6, 2020

_____

○ _____
○ _____
○ _____
○ _____
○ _____
○ _____
○ _____
○ _____
○ _____
○ _____
○ _____

▰ WED · OCTOBER 7, 2020

_____

○ _____
○ _____
○ _____
○ _____
○ _____
○ _____
○ _____
○ _____
○ _____
○ _____
○ _____

◪ THU · OCTOBER 8, 2020

_____   ○ _____
_____   ○ _____
_____   ○ _____
_____   ○ _____
_____   ○ _____
_____   ○ _____
_____   ○ _____
_____   ○ _____
_____   ○ _____
_____   ○ _____
_____   ○ _____

◪ FRI · OCTOBER 9, 2020

_____   ○ _____
_____   ○ _____
_____   ○ _____
_____   ○ _____
_____   ○ _____
_____   ○ _____
_____   ○ _____
_____   ○ _____
_____   ○ _____
_____   ○ _____
_____   ○ _____

◪ SAT · OCTOBER 10, 2020   # ◪ SUN · OCTOBER 11, 2020

MON · OCTOBER 12, 2020

_____   ○ _____
_____   ○ _____
_____   ○ _____
_____   ○ _____
_____   ○ _____
_____   ○ _____
_____   ○ _____
_____   ○ _____
_____   ○ _____
_____   ○ _____
COLUMBUS DAY   ○ _____

TUE · OCTOBER 13, 2020

_____   ○ _____
_____   ○ _____
_____   ○ _____
_____   ○ _____
_____   ○ _____
_____   ○ _____
_____   ○ _____
_____   ○ _____
_____   ○ _____
_____   ○ _____
_____   ○ _____
_____   ○ _____

WED · OCTOBER 14, 2020

_____   ○ _____
_____   ○ _____
_____   ○ _____
_____   ○ _____
_____   ○ _____
_____   ○ _____
_____   ○ _____
_____   ○ _____
_____   ○ _____
_____   ○ _____
_____   ○ _____

THU · OCTOBER 15, 2020

- ○
- ○
- ○
- ○
- ○
- ○
- ○
- ○
- ○
- ○
- ○

FRI · OCTOBER 16, 2020

- ○
- ○
- ○
- ○
- ○
- ○
- ○
- ○
- ○
- ○
- ○

SAT · OCTOBER 17, 2020

SUN · OCTOBER 18, 2020

MON · OCTOBER 19, 2020

- ○
- ○
- ○
- ○
- ○
- ○
- ○
- ○
- ○
- ○
- ○

TUE · OCTOBER 20, 2020

- ○
- ○
- ○
- ○
- ○
- ○
- ○
- ○
- ○
- ○
- ○

WED · OCTOBER 21, 2020

- ○
- ○
- ○
- ○
- ○
- ○
- ○
- ○
- ○
- ○
- ○

◤ THU · OCTOBER 22, 2020

○
○
○
○
○
○
○
○
○
○
○

◤ FRI · OCTOBER 23, 2020

○
○
○
○
○
○
○
○
○
○
○

◤ SAT · OCTOBER 24, 2020

◤ SUN · OCTOBER 25, 2020

■ MON · OCTOBER 26, 2020 _____

_____   ○ _____
_____   ○ _____
_____   ○ _____
_____   ○ _____
_____   ○ _____
_____   ○ _____
_____   ○ _____
_____   ○ _____
_____   ○ _____
_____   ○ _____
_____   ○ _____

■ TUE · OCTOBER 27, 2020 _____

_____   ○ _____
_____   ○ _____
_____   ○ _____
_____   ○ _____
_____   ○ _____
_____   ○ _____
_____   ○ _____
_____   ○ _____
_____   ○ _____
_____   ○ _____
_____   ○ _____
_____   ○ _____

■ WED · OCTOBER 28, 2020 _____

_____   ○ _____
_____   ○ _____
_____   ○ _____
_____   ○ _____
_____   ○ _____
_____   ○ _____
_____   ○ _____
_____   ○ _____
_____   ○ _____
_____   ○ _____
_____   ○ _____
_____   ○ _____

▰ THU · OCTOBER 29, 2020

_____   ○ _____
_____   ○ _____
_____   ○ _____
_____   ○ _____
_____   ○ _____
_____   ○ _____
_____   ○ _____
_____   ○ _____
_____   ○ _____
_____   ○ _____
_____   ○ _____

▰ FRI · OCTOBER 30, 2020

_____   ○ _____
_____   ○ _____
_____   ○ _____
_____   ○ _____
_____   ○ _____
_____   ○ _____
_____   ○ _____
_____   ○ _____
_____   ○ _____
_____   ○ _____
_____   ○ _____

▰ SAT · OCTOBER 31, 2020

_____
_____
_____
_____
_____
_____
_____
_____
_____

HALLOWEEN

▰ SUN · NOVEMBER 1, 2020

_____
_____
_____
_____
_____
_____
_____
_____
_____

DAYLIGHT SAVINGS ENDS

November

"Gratitude can transform common days into thanksgivings, turn routine jobs into joy, and change ordinary opportunities into blessings..."
-William Arthur

Monthly Goal:

Notes:

Thanksgiving Meal Prep

Appetizer
Prep Time

Meat
Prep Time

Sides
Prep Time

Salad
Prep Time

Bread
Prep Time

Drinks

Desserts

Table Set-up

Notes:

November 2020

SUNDAY	MONDAY	TUESDAY	WEDNESDAY
1 DAYLIGHT SAVINGS ENDS	2	3	4
8	9	10	11 VETERANS DAY
15	16	17	18
22	23	24	25
29	30		

THURSDAY	FRIDAY	SATURDAY	NOTES
5	6	7	
12	13 *World Kindness Day*	14	
19	20	21	
26 THANKSGIVING	27	28	

◣ MON · NOVEMBER 2, 2020 _____

_____   ○ _____
_____   ○ _____
_____   ○ _____
_____   ○ _____
_____   ○ _____
_____   ○ _____
_____   ○ _____
_____   ○ _____
_____   ○ _____
_____   ○ _____
_____   ○ _____

◣ TUE · NOVEMBER 3, 2020 _____

_____   ○ _____
_____   ○ _____
_____   ○ _____
_____   ○ _____
_____   ○ _____
_____   ○ _____
_____   ○ _____
_____   ○ _____
_____   ○ _____
_____   ○ _____
_____   ○ _____

◣ WED · NOVEMBER 4, 2020 _____

_____   ○ _____
_____   ○ _____
_____   ○ _____
_____   ○ _____
_____   ○ _____
_____   ○ _____
_____   ○ _____
_____   ○ _____
_____   ○ _____
_____   ○ _____
_____   ○ _____

◤ THU · NOVEMBER 5, 2020

_____   ○ _____
_____   ○ _____
_____   ○ _____
_____   ○ _____
_____   ○ _____
_____   ○ _____
_____   ○ _____
_____   ○ _____
_____   ○ _____
_____   ○ _____
_____   ○ _____

◤ FRI · NOVEMBER 6, 2020

_____   ○ _____
_____   ○ _____
_____   ○ _____
_____   ○ _____
_____   ○ _____
_____   ○ _____
_____   ○ _____
_____   ○ _____
_____   ○ _____
_____   ○ _____
_____   ○ _____

◤ SAT · NOVEMBER 7, 2020

_____
_____
_____
_____
_____
_____
_____
_____

◤ SUN · NOVEMBER 8, 2020

_____
_____
_____
_____
_____
_____
_____
_____

MON · NOVEMBER 9, 2020

- ○ _____
- ○ _____
- ○ _____
- ○ _____
- ○ _____
- ○ _____
- ○ _____
- ○ _____
- ○ _____
- ○ _____
- ○ _____

TUE · NOVEMBER 10, 2020

- ○ _____
- ○ _____
- ○ _____
- ○ _____
- ○ _____
- ○ _____
- ○ _____
- ○ _____
- ○ _____
- ○ _____
- ○ _____
- ○ _____

WED · NOVEMBER 11, 2020

- ○ _____
- ○ _____
- ○ _____
- ○ _____
- ○ _____
- ○ _____
- ○ _____
- ○ _____
- ○ _____
- ○ _____
- ○ _____

VETERANS DAY

THU · NOVEMBER 12, 2020

_____   ○ _____
_____   ○ _____
_____   ○ _____
_____   ○ _____
_____   ○ _____
_____   ○ _____
_____   ○ _____
_____   ○ _____
_____   ○ _____
_____   ○ _____
_____   ○ _____

FRI · NOVEMBER 13, 2020

_____   ○ _____
_____   ○ _____
_____   ○ _____
_____   ○ _____
_____   ○ _____
_____   ○ _____
_____   ○ _____
_____   ○ _____
_____   ○ _____
_____   ○ _____
_____   ○ _____

SAT · NOVEMBER 14, 2020

_____
_____
_____
_____
_____
_____
_____
_____

SUN · NOVEMBER 15, 2020

_____
_____
_____
_____
_____
_____
_____
_____

MON · NOVEMBER 16, 2020

_____   ○ _____
_____   ○ _____
_____   ○ _____
_____   ○ _____
_____   ○ _____
_____   ○ _____
_____   ○ _____
_____   ○ _____
_____   ○ _____
_____   ○ _____
_____   ○ _____

TUE · NOVEMBER 17, 2020

_____   ○ _____
_____   ○ _____
_____   ○ _____
_____   ○ _____
_____   ○ _____
_____   ○ _____
_____   ○ _____
_____   ○ _____
_____   ○ _____
_____   ○ _____
_____   ○ _____

WED · NOVEMBER 18, 2020

_____   ○ _____
_____   ○ _____
_____   ○ _____
_____   ○ _____
_____   ○ _____
_____   ○ _____
_____   ○ _____
_____   ○ _____
_____   ○ _____
_____   ○ _____
_____   ○ _____

◤ THU · NOVEMBER 19, 2020 ————————————————

_____   ○ _____
_____   ○ _____
_____   ○ _____
_____   ○ _____
_____   ○ _____
_____   ○ _____
_____   ○ _____
_____   ○ _____
_____   ○ _____
_____   ○ _____
_____   ○ _____

◤ FRI · NOVEMBER 20, 2020 ————————————————

_____   ○ _____
_____   ○ _____
_____   ○ _____
_____   ○ _____
_____   ○ _____
_____   ○ _____
_____   ○ _____
_____   ○ _____
_____   ○ _____
_____   ○ _____
_____   ○ _____

◤ SAT · NOVEMBER 21, 2020

_____
_____
_____
_____
_____
_____
_____
_____
_____

◤ SUN · NOVEMBER 22, 2020

_____
_____
_____
_____
_____
_____
_____
_____
_____

◼ MON · NOVEMBER 23, 2020

_____

- ○ _____
- ○ _____
- ○ _____
- ○ _____
- ○ _____
- ○ _____
- ○ _____
- ○ _____
- ○ _____
- ○ _____
- ○ _____

◼ TUE · NOVEMBER 24, 2020

_____

- ○ _____
- ○ _____
- ○ _____
- ○ _____
- ○ _____
- ○ _____
- ○ _____
- ○ _____
- ○ _____
- ○ _____
- ○ _____

◼ WED · NOVEMBER 25, 2020

_____

- ○ _____
- ○ _____
- ○ _____
- ○ _____
- ○ _____
- ○ _____
- ○ _____
- ○ _____
- ○ _____
- ○ _____
- ○ _____

■ THU · NOVEMBER 26, 2020

_____   ○ _____
_____   ○ _____
_____   ○ _____
_____   ○ _____
_____   ○ _____
_____   ○ _____
_____   ○ _____
_____   ○ _____
_____   ○ _____
_____   ○ _____
THANKSGIVING   ○ _____

■ FRI · NOVEMBER 27, 2020

_____   ○ _____
_____   ○ _____
_____   ○ _____
_____   ○ _____
_____   ○ _____
_____   ○ _____
_____   ○ _____
_____   ○ _____
_____   ○ _____
_____   ○ _____
_____   ○ _____

■ SAT · NOVEMBER 28, 2020

_____
_____
_____
_____
_____
_____
_____
_____

■ SUN · NOVEMBER 29, 2020

_____
_____
_____
_____
_____
_____
_____
_____

December

"It is not how much we have, but how much we enjoy, that makes happiness..."
-Charles Spurgeon

Monthly Goal:

Notes:

Shopping List

Family

- [ ] _____
- [ ] _____
- [ ] _____
- [ ] _____
- [ ] _____
- [ ] _____
- [ ] _____
- [ ] _____
- [ ] _____
- [ ] _____

Ideas

- _____
- _____
- _____
- _____
- _____
- _____
- _____
- _____
- _____
- _____

Christmas Cards

- [ ] Stamps
- [ ] Addresses
- [ ] Photos
- [ ] Design cards
- [ ] Order cards
- [ ] Envelopes
- [ ] Stuff Envelopes
- [ ] Mail!
- [ ] _____
- [ ] _____

Friends

- [ ] _____
- [ ] _____
- [ ] _____
- [ ] _____
- [ ] _____

Ideas

- _____
- _____
- _____
- _____
- _____

Stocking Stuffers

- [ ] _____
- [ ] _____
- [ ] _____
- [ ] _____
- [ ] _____
- [ ] _____
- [ ] _____
- [ ] _____
- [ ] _____
- [ ] _____

Others

- [ ] _____
- [ ] _____
- [ ] _____
- [ ] _____
- [ ] _____

Ideas

- _____
- _____
- _____
- _____
- _____

DECEMBER 2020

SUNDAY	MONDAY	TUESDAY	WEDNESDAY
		1	2
6	7	8	9
13	14	15	16
20	21	22	23
27	28	29	30

THURSDAY	FRIDAY	SATURDAY	NOTES
3	4	5	
10	11 HANUKKAH	12	
17	18	19	
24 CHRISTMAS EVE	25 CHRISTMAS DAY	26 KWANZAA	
31 NEW YEAR'S EVE			

■ MON · NOVEMBER 30, 2020 _____

_____   ○ _____
_____   ○ _____
_____   ○ _____
_____   ○ _____
_____   ○ _____
_____   ○ _____
_____   ○ _____
_____   ○ _____
_____   ○ _____
_____   ○ _____
_____   ○ _____

■ TUE · DECEMBER 1, 2020 _____

_____   ○ _____
_____   ○ _____
_____   ○ _____
_____   ○ _____
_____   ○ _____
_____   ○ _____
_____   ○ _____
_____   ○ _____
_____   ○ _____
_____   ○ _____
_____   ○ _____
_____   ○ _____

■ WED · DECEMBER 2, 2020 _____

_____   ○ _____
_____   ○ _____
_____   ○ _____
_____   ○ _____
_____   ○ _____
_____   ○ _____
_____   ○ _____
_____   ○ _____
_____   ○ _____
_____   ○ _____
_____   ○ _____
_____   ○ _____

THU · DECEMBER 3, 2020

_____   ○ _____
_____   ○ _____
_____   ○ _____
_____   ○ _____
_____   ○ _____
_____   ○ _____
_____   ○ _____
_____   ○ _____
_____   ○ _____
_____   ○ _____
_____   ○ _____

FRI · DECEMBER 4, 2020

_____   ○ _____
_____   ○ _____
_____   ○ _____
_____   ○ _____
_____   ○ _____
_____   ○ _____
_____   ○ _____
_____   ○ _____
_____   ○ _____
_____   ○ _____
_____   ○ _____

SAT · DECEMBER 5, 2020   ## SUN · DECEMBER 6, 2020

◤ MON · DECEMBER 7, 2020 _____

_____ ○ _____
_____ ○ _____
_____ ○ _____
_____ ○ _____
_____ ○ _____
_____ ○ _____
_____ ○ _____
_____ ○ _____
_____ ○ _____
_____ ○ _____
_____ ○ _____

◤ TUE · DECEMBER 8, 2020 _____

_____ ○ _____
_____ ○ _____
_____ ○ _____
_____ ○ _____
_____ ○ _____
_____ ○ _____
_____ ○ _____
_____ ○ _____
_____ ○ _____
_____ ○ _____
_____ ○ _____
_____ ○ _____

◤ WED · DECEMBER 9, 2020 _____

_____ ○ _____
_____ ○ _____
_____ ○ _____
_____ ○ _____
_____ ○ _____
_____ ○ _____
_____ ○ _____
_____ ○ _____
_____ ○ _____
_____ ○ _____
_____ ○ _____

THU · DECEMBER 10, 2020

_____   ○ _____
_____   ○ _____
_____   ○ _____
_____   ○ _____
_____   ○ _____
_____   ○ _____
_____   ○ _____
_____   ○ _____
_____   ○ _____
_____   ○ _____
_____   ○ _____

FRI · DECEMBER 11, 2020

_____   ○ _____
_____   ○ _____
_____   ○ _____
_____   ○ _____
_____   ○ _____
_____   ○ _____
_____   ○ _____
_____   ○ _____
_____   ○ _____
HANUKKAH   ○ _____

SAT · DECEMBER 12, 2020   # SUN · DECEMBER 13, 2020

■ MON · DECEMBER 14, 2020

_____

- _____
- _____
- _____
- _____
- _____
- _____
- _____
- _____
- _____
- _____
- _____
- _____

○ _____
○ _____
○ _____
○ _____
○ _____
○ _____
○ _____
○ _____
○ _____
○ _____
○ _____

■ TUE · DECEMBER 15, 2020

_____

- _____
- _____
- _____
- _____
- _____
- _____
- _____
- _____
- _____
- _____
- _____
- _____

○ _____
○ _____
○ _____
○ _____
○ _____
○ _____
○ _____
○ _____
○ _____
○ _____
○ _____

■ WED · DECEMBER 16, 2020

_____

- _____
- _____
- _____
- _____
- _____
- _____
- _____
- _____
- _____
- _____
- _____
- _____

○ _____
○ _____
○ _____
○ _____
○ _____
○ _____
○ _____
○ _____
○ _____
○ _____
○ _____

THU · DECEMBER 17, 2020

_____

- _____
- _____
- _____
- _____
- _____
- _____
- _____
- _____
- _____
- _____
- _____

FRI · DECEMBER 18, 2020

_____

- _____
- _____
- _____
- _____
- _____
- _____
- _____
- _____
- _____
- _____
- _____

SAT · DECEMBER 19, 2020

SUN · DECEMBER 20, 2020

◤ MON · DECEMBER 21, 2020

○
○
○
○
○
○
○
○
○
○
○

◤ TUE · DECEMBER 22, 2020

○
○
○
○
○
○
○
○
○
○
○
○

◤ WED · DECEMBER 23, 2020

○
○
○
○
○
○
○
○
○
○
○
○

THU · DECEMBER 24, 2020

_____
_____
_____
_____
_____
_____
_____
_____
_____

CHRISTMAS EVE

○ _____
○ _____
○ _____
○ _____
○ _____
○ _____
○ _____
○ _____
○ _____
○ _____
○ _____

FRI · DECEMBER 25, 2020

_____
_____
_____
_____
_____
_____
_____
_____
_____

CHRISTMAS DAY

○ _____
○ _____
○ _____
○ _____
○ _____
○ _____
○ _____
○ _____
○ _____
○ _____
○ _____

SAT · DECEMBER 26, 2020

_____
_____
_____
_____
_____
_____
_____
_____

KWANZAA

SUN · DECEMBER 27, 2020

_____
_____
_____
_____
_____
_____
_____
_____
_____

MON · DECEMBER 28, 2020

_____

- ○ _____
- ○ _____
- ○ _____
- ○ _____
- ○ _____
- ○ _____
- ○ _____
- ○ _____
- ○ _____
- ○ _____
- ○ _____

TUE · DECEMBER 29, 2020

_____

- ○ _____
- ○ _____
- ○ _____
- ○ _____
- ○ _____
- ○ _____
- ○ _____
- ○ _____
- ○ _____
- ○ _____
- ○ _____
- ○ _____

WED · DECEMBER 30, 2020

_____

- ○ _____
- ○ _____
- ○ _____
- ○ _____
- ○ _____
- ○ _____
- ○ _____
- ○ _____
- ○ _____
- ○ _____
- ○ _____

◼ THU · DECEMBER 31, 2020 ———————————————

_____   ○ _____
_____   ○ _____
_____   ○ _____
_____   ○ _____
_____   ○ _____
_____   ○ _____
_____   ○ _____
_____   ○ _____
_____   ○ _____
_____   ○ _____
NEW YEAR'S EVE   ○ _____

◼ FRI · JANUARY 1, 2021 ———————————————

_____   ○ _____
_____   ○ _____
_____   ○ _____
_____   ○ _____
_____   ○ _____
_____   ○ _____
_____   ○ _____
_____   ○ _____
_____   ○ _____
_____   ○ _____
NEW YEAR'S DAY   ○ _____

◼ SAT · JANUARY 2, 2021   ◼ SUN · JANUARY 3, 2021

_____   _____
_____   _____
_____   _____
_____   _____
_____   _____
_____   _____
_____   _____
_____   _____
_____   _____
_____   _____

Hey there, Mama!

Kara and Nicole here from Simply Whole Moms! Our goal is to keep life intentionally simple so we can enjoy true health and the adventure that is motherhood. We are so delighted you found us and our planner!

Nicole is a "paper planner forever" kind of girl, and Kara loves her digital calendar and paper notebook to keep track of her to-dos. We combined our favorite ways to keep our minds, bodies and mom sanity organized in this planner tailored just for mamas.

Our hope is that you find some peace and practical organizational tools in the pages of this planner. Each month has a specific theme and quote to help you focus on one area of life at a time. At the beginning of each month, we created a space for you to jot monthly goals and scribble any notes (or doodles!) that inspire you or to help keep your life in order - as much as possible in this season of life.

We want to encourage you to grab a pencil (or pen if you are brave - erasers come in handy in planners) and let your thoughts fly in these pages. This planner is not just a space for dates, events and to-dos to check off - it's a place to put thoughts, dreams and goals on paper.

Turn that page, mama, and make this planner yours!

XO,

Kara & Nicole

Made in the USA
Monee, IL
19 September 2020